Das große Fanbuch

OSTWIND

AUFBRUCH NACH ORA

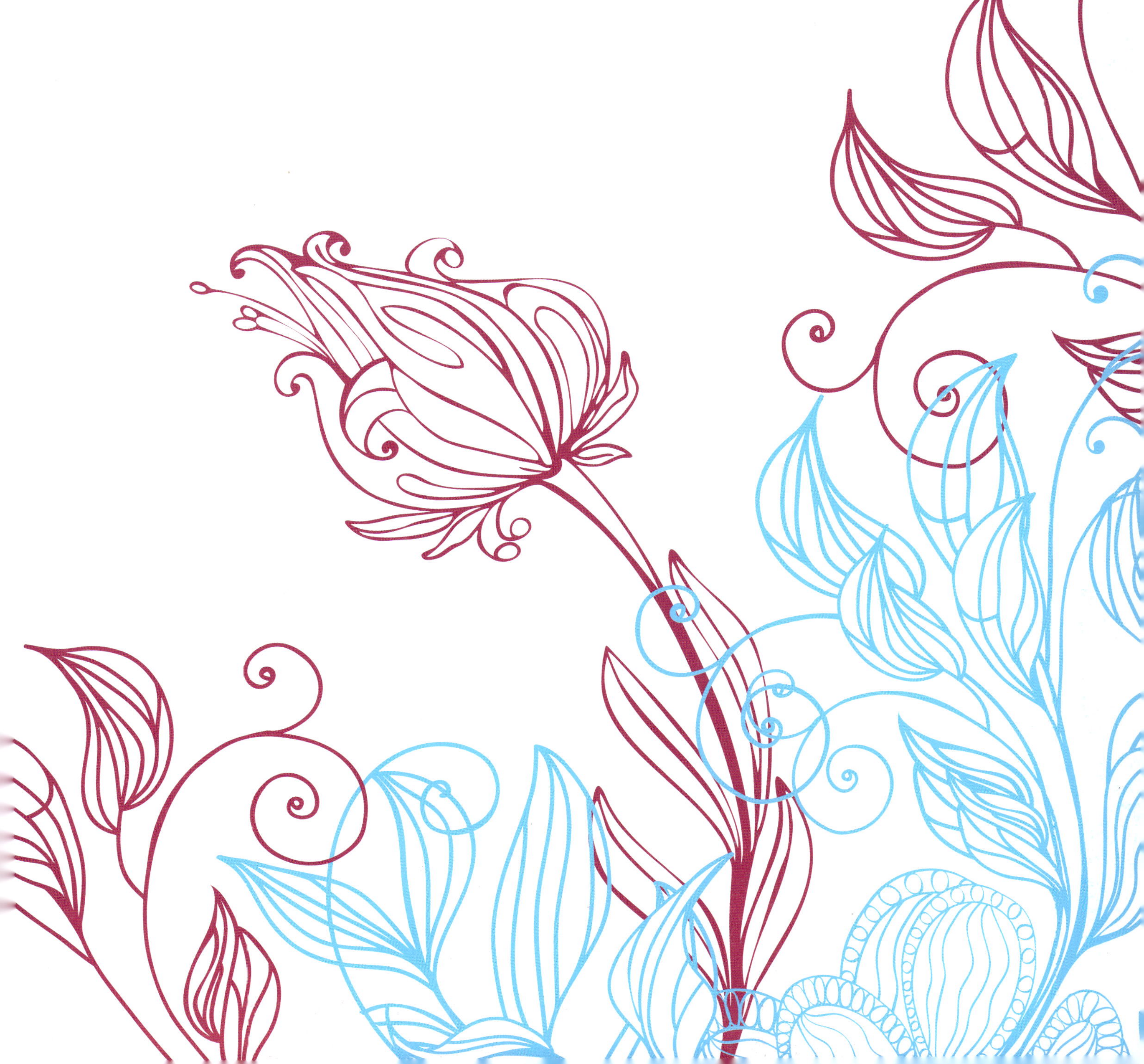

Hallo, liebe Ostwind-Fans!

Ein neues Abenteuer wartet auf Mika und Ostwind. Gemeinsam verlassen sie das Therapiezentrum Kaltenbach.

Zusammen begeben sie sich auf eine weite Reise, die sie tief hinein in den Süden Spaniens führt. Dort muss Mika lernen, dass es nicht immer leicht ist, das Richtige zu tun. Doch sie findet schließlich die Kraft dazu und kehrt reifer und klüger nach Kaltenbach zurück.

Sie weiß jetzt, wo ihr Platz ist und stellt fest, dass sie gerade mehr gebraucht wird als je zuvor.

Dieses Buch erzählt jedoch nicht nur die spannenden Geschichten von »Ostwind – Aufbruch nach Ora«. Es führt euch außerdem direkt ans Set. Bei keinem der Ostwind-Filme zuvor wurde mit so vielen Pferden gleichzeitig gearbeitet – eine Herausforderung für das ganze Team.

Ihr erfahrt Hintergründe zu den aufregenden Dreharbeiten, bekommt Einblicke in die Arbeit der Pferdetrainerin und erfahrt private Dinge über die Schauspieler – die für euch gerne ein bisschen aus dem Nähkästchen plaudern …

Gemeinsam auf neuen Wegen.

Die Regisseurin und drei ihrer Hauptdarstellerinnen.

Inhalt

Steckbrief Hanna alias Mika

Name: _Hanna Binke_ _ _ _ _ _ _ _ _ _ _ _ _ _

Geburtsdatum und -ort: _1999 in Berlin_ _ _ _ _ _

Sternzeichen: _Widder_ _ _ _ _ _ _ _ _ _ _ _

Augenfarbe: _blau_ _ _ _ _ _ _ _ _ _ _ _ _

Haarfarbe: _blond (Für die Rolle der_ _ _ _ _ _
Mika wurden sie rot gefärbt.) _ _ _ _ _ _ _

Hobbys: _Schauspielern_ _ _ _ _ _ _ _ _ _ _ _

Meine größte Stärke: _Teamfähigkeit_ _ _ _ _ _

Meine größte Schwäche: _Ungeduld_ _ _ _ _ _ _

Was ich bei anderen mag: _Offenheit_ _ _ _ _ _

Was ich bei anderen gar nicht mag: _Eifersucht_

Mika blickt mutig und entschlossen nach vorn.

Ihre Sachen hat Mika heimlich gepackt.

Ihre Rolle:

Mika spürt, dass sie etwas verändern muss. Auch Ostwind gibt ihr diese Signale. Nachdem Mika herausgefunden hat, dass ein Gestüt im Süden Spaniens das Brandzeichen verwendet, mit dem Ostwind gezeichnet ist, weiß sie grob, wohin die Reise gehen soll. Sie ist sicher, in Andalusien wird Ostwind ihr den Weg zeigen. Mika selbst kennt nur den Namen eines Ortes, nach dem sie fragen wird. Ora.
Bald schon findet sich Mika mitten in Ostwinds Vergangenheit wieder. Sie muss die bisher schwierigste Lektion ihres Lebens bewältigen und ist danach bereit für etwas Neues.

In einem vergilbten Buch ist Ostwinds Brandzeichen abgebildet.

Milan tut alles, um Mika zu helfen.

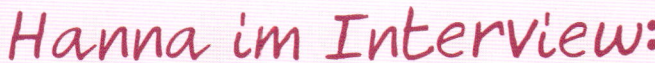

In Andalusien verlässt sich Mika ganz auf Ostwinds Führung.

Was gefällt dir besonders an deiner Rolle?

Ich mag besonders an Mika, dass sie mir überhaupt nicht ähnlich ist. Sie ist rebellisch, selbstbewusst und schlagfertig. Im Gegensatz zu ihr, bin ich eher ruhiger. Gerade deshalb macht es total viel Spaß, in ihren Charakter zu schlüpfen.

Solange Ostwind bei ihr ist, fühlt sich Mika sicher.

Kannst du reiten?

Ich musste für die Rolle reiten lernen, da ich es vorher überhaupt nicht konnte. Das war die wichtigste Vorbereitung für meine Rolle.

Was war dein beeindruckendstes Erlebnis beim Dreh?

Das beeindruckendste Erlebnis während der Dreharbeiten war für mich, selbst zu erleben, wie es sich anfühlt, eine Verbindung zu einem Tier aufzubauen. Gerade in »Ostwind – Aufbruch nach Ora« ist die sehr stark geworden.

Alles ist verstaut, die Reise kann weitergehen.

Welche Szene war für dich am schwierigsten?

Dieses Mal war die letzte Szene mit Mika und Ostwind am schwierigsten, da sie sehr emotional war, und ich diese Szene auch unglaublich wichtig für den Film finde. Da steht man natürlich unter einem gewissen Druck.

Steckbrief Jannis alias Milan

Milan spürt, dass er Mika ziehen lassen muss.

Name: Jannis Niewöhner

Geburtsdatum und -ort: 30.03.1992 in St. Tönis

Sternzeichen: Widder

Augenfarbe: grün-grau

Haarfarbe: dunkelblond

Hobbys: mein Beruf, Musik und Bewegung

Meine größte Stärke: Cookies machen

Meine größte Schwäche: Cookies essen

Was ich bei anderen mag: Wenn sie so sind, wie sie sind und sich nicht verstellen.

Was ich bei anderen gar nicht mag: Wenn sie etwas fragen, aber nicht zuhören, wenn man ihnen eine Antwort gibt.

Seine Rolle:

Milan und Mika sind ein Paar. Die Liebe zu den Pferden verbindet sie. Milan ist sehr verschlossen, aber Mika gegenüber kann er sich öffnen. Er hat ihr Angebot angenommen und kümmert sich im Therapiezentrum um die Pferde.

Als Milan die Zeichnung des Symbols sieht, das Mika sich auf die Hand gemalt hat, und von dem sie in letzter Zeit häufig träumt, zeigt er ihr das Brandmal auf Ostwinds Hinterbacke. Als Mika nach Andalusien aufbrechen will, ermutigt Milan sie zu dem Abenteuer.

Mika war kurz an Milans Schulter eingenickt.

Milan bringt Mika und Ostwind sogar bis zum Meer.

Jannis im Interview:

Was gefällt dir besonders an deiner Rolle?

Milan ist nicht wie jeder andere. Er geht seinen eigenen Weg. Das macht ihn besonders!

Welche Eigenschaft der Person, die du spielst, gefällt dir besonders?

In »Ostwind – Aufbruch nach Ora« ist Milan vor allem ein guter Freund, der sich nicht an Mika klammert, sondern ihr den Raum gibt, den sie braucht.

Milan zeigt Mika das Brandzeichen.

Hattest du schon vorher mit Pferden zu tun?

Ja, bei einigen Filmen wie »TKKG«, »Saphirblau« und »Maximilian«. Aber natürlich waren Pferde dort nie so präsent, und die Arbeit mit ihnen nie so intensiv, wie am Set von »Ostwind«.

Kannst du reiten?

Na ja. Manchmal klappt es ganz gut.

Der Abschied fällt schwer.

Welche Szene war für dich am schwierigsten?

Es gab einige Szenen mit den Pferden, bei denen man viel Geduld haben musste.

Was ist an »Ostwind - Aufbruch nach Ora« besonders?

Es ist ein Abenteuer ins Ungewisse und ein Aufbruch, der vielleicht mehr ein Gefühl als eine Entscheidung ist. Es geht um Ostwinds Wurzeln aber auch darum, Antworten auf die eigenen Fragen zu finden.

Steckbrief Amber alias Fanny

Fanny ist stets optimistisch.

Name: Amber Bongard

Geburtsdatum und -ort: 24.08.1997 in Potsdam

Sternzeichen: Jungfrau

Augenfarbe: grün

Haarfarbe: dunkelblond

Hobbys: Yoga, lesen, Filme schauen

Meine größte Stärke: meine Überredungskunst

Meine größte Schwäche: mein Dickkopf

Was ich bei anderen mag: Loyalität

Was ich bei anderen gar nicht mag: Ich kann es überhaupt nicht leiden, wenn Leute sich über andere lustig machen.

Ihre Rolle:

Fanny ist Mikas beste Freundin. Sie ist quirlig, steckt voller Ideen und ist ein absolutes Organisationstalent. Als Mika mit Ostwind nach Andalusien reist, hält sich Fanny gerade in Paris auf. Am Telefon erzählt Mika ihr von ihren Plänen. Dann fällt Mika ihr Handy dummerweise ins Wasser. Da Fanny ihre Freundin nun nicht mehr erreichen kann, macht sie sich kurzerhand auf den Weg zu ihr – und taucht für Mika völlig überraschend auf der Hacienda auf. Natürlich hat Fanny ihr geliebtes Tablet ›Norbert‹ auch dabei. Auf ihm recherchiert sie und kommt auf die Idee, dass ein kulturelles Ereignis die Quelle retten kann.

Eine Freundin wie Fanny wünscht sich jeder.

Fanny weiß genau, wie viele Eintrittskarten verkauft sind.

Was gefällt dir besonders an deiner Rolle?

Ich mag Fannys eisernen Willen, Dinge möglich zu machen und alles für ihre Freunde zu tun!

Hattest du schon vorher mit Pferden zu tun?

Außer einer Woche Reitunterricht in den Herbstferien vor Jahren nicht wirklich.

Kannst du reiten?

Ich kann auf einem Pferd sitzen ohne runterzufallen.

Welche Szene war für dich am schwierigsten?

Es gibt eine Szene, in der aus Fanny, in ihrer typischen Fanny-Art, die Informationen nur so raussprudeln. Das bedeutete für mich, viel Text zu lernen und zu behalten. Das macht großen Spaß, ist aber auch immer eine Herausforderung.

Fanny verlässt die Hacienda in Richtung Barcelona.

Wie hat sich die »Ostwind«-Geschichte in deinen Augen weiterentwickelt?

Mika, Sam und Fanny sind alle ein Stück erwachsener und reifer geworden. Die Reise, die vor Jahren im Gestüt Kaltenbach begann, führt die drei bis nach Spanien. Aber egal, wo sie sind, ihre Freundschaft bleibt das Wichtigste.

Wie war es, einen großen Teil des Films in Andalusien zu drehen?

Es war toll! Ich war vorher noch nie in Spanien, und mich hat die Natur total umgehauen!

Steckbrief Marvin alias Sam

Name: Marvin Linke

Geburtsdatum und -ort: 09.06.1992 in Hannover

Sternzeichen: Zwillinge

Augenfarbe: braun

Haarfarbe: braun/blond

Auf Sam kann sich Mika verlassen.

Hobbys: Sport, Filme schauen, Reisen, Freunde treffen

Meine größte Stärke: Texte und Zahlen schnell auswendig lernen

Meine größte Schwäche: Ich kann mich bei gewissen Dingen manchmal nicht entscheiden.

Was ich bei anderen mag: Ich mag es, wenn Menschen ehrlich und offen sind.

Was ich bei anderen gar nicht mag: Ich mag es nicht, wenn jemand lügt.

Mika erträgt die unfähigen Pferdebesitzer nicht.

Seine Rolle:

Sam hilft Mika, wenn die Kunden im Therapie-zentrum ihr wieder einmal besonders auf die Nerven gehen. Sam kennt Mika genau und weiß, wann er eingreifen muss. Sam ist viel geduldiger und nachsichtiger als Mika. Und er ist ein echter Freund. Wenn Mika seine Hilfe braucht, dann ist er zur Stelle. Er reist sogar bis nach Andalusien, um sich zu vergewissern, dass es Mika gut geht. Dort angekommen, ermutigt er Mika, Fanny und Samantha das Rennen zu organisieren. Er glaubt fest daran, dass dies auch in wenigen Tagen zu schaffen ist. Sam ist Fannys Freund. Mit seiner ruhigen, bodenständigen Art ist er das Gegenteil von ihr. Aber sie ergänzen sich perfekt.

Marvin im Interview:

Was fasziniert dich besonders an deiner Rolle?

Ich finde es toll, dass Sam ehrlich und nett ist. Er ist sehr hilfsbereit. Man kann sich einen Freund wie Sam nur wünschen.

Sam drückt Ostwind beim Rennen die Daumen.

Hattest du schon vorher mit Pferden zu tun?

Vor dem ersten Teil (2012) hatte ich selbst keine große Verbindung zu Pferden. Das hat sich über die Jahre durch die Filme verändert.

Welche Szene war für dich am schwierigsten?

Die Szene, in der ich auf einem Maulesel sitzen musste. Ich hatte Texte zu sprechen und musste gleichzeitig dem Maulesel die Richtung angeben. Das Doofe war, dass der Weg sehr steil war, ich Höhenangst hatte und dabei eine gewisse Kamera-position treffen musste. Das ging ziemlich oft in die Hose. Wir mussten mehrmals neu ansetzen.

Mit einem Esel kommt Sam auf der Hacienda an.

Wie war es, einen großen Teil des Films in Andalusien zu drehen?

Es war sehr schön, in Andalusien zu drehen, da ich ein großer Spanien-Fan bin und auch die Sprache größtenteils verstehe. Es ist grund-sätzlich immer etwas Tolles und anderes, im Ausland zu drehen. Die Menschen und die Kultur sind wirklich beeindruckend.

Steckbrief Cornelia Froboess alias Maria Kaltenbach

Name: Cornelia Froboess

Geburtsdatum und -ort: 28.10.1943 in Wriezen

Sternzeichen: Skorpion

Maria Kaltenbach hat von Mika viel über Pferde gelernt.

Ihre Rolle:

Maria Kaltenbach ist Mikas Großmutter. Früher war sie selbst eine erfolgreiche Springreiterin. Doch nach einem Unfall, für den sie Ostwind lange Zeit die Schuld gab, ist sie gehbehindert.

Maria Kaltenbach hat ein Auge für Talente – und auch das von Mika hat sie schnell entdeckt. Es dauerte etwas länger, bis sie eingesehen hat, dass sie mit ihren eigenen, harten Trainingsmethoden falsch lag.

Inzwischen führt Maria Kaltenbach die Kunden stolz im Therapiezentrum umher und erklärt ihnen, dass dort nach einem ganzheitlichen, natürlichen Ansatz gearbeitet wird. In letzter Zeit spürt Maria Kaltenbach jedoch, dass ihre Enkelin etwas bedrückt. Als sie eine Aussprache versucht, kommt es zum Streit.

Dicke Luft bei Mika und ihrer Oma.

Steckbrief Tilo Prückner alias Herr Kaan

Name: Tilo Prückner

Geburtsdatum und -ort: 26.10.1940 in Augsburg

Sternzeichen: Skorpion

Seine Rolle:

Herr Kaan ist Sams Großvater. Bevor er sich mit Maria Kaltenbach wegen ihrer Trainingsmethoden überworfen hat, war er Reitlehrer auf dem Gut. Nun lebt er jedoch allein in einem ausgebauten Bauwagen. Als er Mika zum ersten Mal mit Ostwind sieht, weiß er sofort, dass sie eine ganz besondere Verbindung zu Pferden besitzt. Deshalb erklärt er sich bereit, ihr das Reiten beizubringen, allerdings auf seine ganz eigene Art. Zuerst muss sie Balance, Rhythmus und Koordination lernen, erst dann darf sie auf Ostwinds Rücken steigen.

Herr Kaan erlaubt, dass Ostwind dauerhaft auf der Weide neben seinem Wohnwagen bleibt, denn der Hengst erträgt es nicht, eingesperrt zu sein.

Als Mika erstmals seit langem wieder auf der Koppel bei Ostwind übernachtet, weiß Herr Kaan, dass etwas nicht stimmt. Er gibt Mika den Rat, auf eine Reise zu gehen. Damit sich das Durcheinander in ihrem Kopf und in ihrem Herzen lichten kann.

Herr Kaan hat immer einen guten Rat.

Herr Kaan weiß, wie gerne Mika in Ostwinds Nähe ist.

15

Samantha ist eine sehr gute Reiterin.

Steckbrief Lea alias Samantha

Name: Lea van Acken
Geburtsdatum und -ort: 20.02.1999 in Lübeck
Sternzeichen: Fische
Augenfarbe: braun
Haarfarbe: braun

Hobbys: Reiten, Tanzen, Joggen, immer wieder neue Dinge ausprobieren und entdecken
Meine größte Stärke: Ich bin sehr einfühlsam.
Meine größte Schwäche: Ich bin manchmal etwas zu selbstkritisch.
Was ich bei anderen mag: Ehrlichkeit
Was ich bei anderen gar nicht mag: Verlogenheit

Ihre Rolle:

Samantha gibt sich gerne taffer als sie ist.

Samantha, die sich Sam nennt, ist die Tochter des Hacienda-Besitzers. Sie hilft ihrem Vater bei allen Arbeiten und gibt sich gerne burschikos.
Tatsächlich ist sie jedoch viel empfindsamer, als sie zugeben will. Sie liebt Pferde und bringt es nicht über sich, ihnen wehzutun.
Samantha ist Mika gegenüber zunächst recht schroff, doch sie freunden sich bald an. Sam lässt sich durch Mikas unbekümmerte Art einige Male mitreißen, Dinge zu tun, die ihr Vater verboten hat. Und Mika erfährt durch sie von der Existenz der Wildpferde und von dem Familienstreit, der dazu geführt hat, dass Pedros Schwester Tara an der Quelle bei den Wildpferden lebt.

Samantha findet Mika oft zu neugierig.

Lea im Interview:

Was fasziniert dich besonders an deiner Rolle?

An Sam fasziniert mich besonders ihre Stärke. Sie ist manchmal so hart, aber gleichzeitig hat sie etwas unglaublich Zerbrechliches. Sie ist nicht zimperlich, packt mit an und hat einen unglaublich trockenen Humor. Außerdem finde ich ihre Affinität zu Tieren, besonders zu Pferden, sehr schön.

Hattest du schon vorher mit Pferden zu tun?

Ja, ich reite, seit ich sechs Jahre alt bin, und komme vom Land, wo Pferde für mich und meine Freunde immer von großer Bedeutung waren.

Kannst du reiten?

Zum Glück ja, deshalb war es ein Riesenspaß!

Was war dein beeindruckendstes Erlebnis beim Dreh?

Die Arbeit mit den Pferden war sehr besonders, wie sie reagiert haben oder eben auch mal nicht! Mein Pferd war ganz sensibel und hat in einer Szene die ganze Zeit zwischen mir und Mika hin- und hergeschaut. Das war sehr lustig.

Nervös wartet Samantha auf Nachricht über die verletzte Calima.

Was hat dir am besten am Dreh in Andalusien gefallen?

Die Landschaft war ein Traum, und die ganzen Pferde in diesem Ambiente waren wirklich zauberhaft. Außerdem waren wir ein Superteam, und die Arbeit hat total viel Spaß gemacht.

Steckbrief Thomas Sarbacher alias Pedro

Name: Thomas Sarbacher

Geburtsdatum und -ort: 25.01.1961 in Hamburg

Sternzeichen: Wassermann

Augenfarbe: braun

Haarfarbe: braun

Mika sitzt versehentlich auf Pedros Platz an der Tafel.

Pedro hat viele Sorgen wegen der Hacienda.

Hobbys: Lesen, Malen, Träumen

Meine größte Stärke: Träumen

Meine größte Schwäche: Träumen

Was ich bei anderen mag: Neugier

Was ich bei anderen gar nicht mag: Ignoranz

Seine Rolle:

Pedro ist der Besitzer der Hacienda und Samanthas Vater. Nach außen hin wirkt er stets streng und hart. Die Pferde sind seine Existenzgrundlage. Trotzdem ist er keineswegs der skrupellose Geschäftsmann, für den seine Schwester Tara ihn hält. Aber er muss Entscheidungen treffen, die ihm selbst nicht gefallen. Als er jedoch gebraucht wird, ist Pedro zur Stelle und kümmert sich liebevoll um die verletzte Calima. Das muss auch seine Schwester Tara anerkennen, die seit Jahren kein Wort mehr mit ihm gewechselt hat. In der Sorge um Calima sehen die Geschwister einander mit anderen Augen, und können das erste Mal seit langer Zeit wieder miteinander reden.

Thomas im Interview:

Welche Eigenschaft der Person, die du spielst, gefällt dir besonders?

Pedro ist leidenschaftlich, großherzig und treu. Aber das ist alles ganz tief in ihm drin, er zeigt es nicht.

Pedro und Mika wissen, dass Calima sofort Hilfe braucht.

Hattest du schon vorher mit Pferden zu tun?

Immer mal wieder. Das erste Erlebnis war abschreckend. Als kleiner Junge wurde ich von dem Pferd des Kohlenhändlers in den Nacken gebissen.

Kannst du reiten?

Für den Märchenfilm »Der Teufel mit den drei goldenen Haaren« habe ich Reitstunden genommen. Hat einen riesigen Spaß gemacht.

Was war dein beeindruckendstes Erlebnis beim Dreh?

Wir mussten mit einem Pferd drehen, das liegen sollte, aber das Pferd wollte nicht liegen bleiben und sprang immer wieder auf. Sehr beeindruckend, dieser massige Körper und diese Kraft.

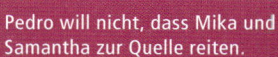

Pedro will nicht, dass Mika und Samantha zur Quelle reiten.

Welche Szene war für dich am schwierigsten?

Eben die mit dem liegenden Pferd in der Box. Das Pferd will nicht liegen bleiben und rappelt sich immer wieder auf. Das Pferd brauchte dabei den ganzen Platz, und ich war zu viel in der Box.

Steckbrief Nicolette Krebitz alias Tara

Tara ist eine sehr starke, eigenwillige Frau.

Name: Nicolette Krebitz

Geburtsdatum und -ort: 02.09.1972 in Berlin

Sternzeichen: Jungfrau

Augenfarbe: braun

Haarfarbe: braun

Hobbys: Musik, Yoga, Reiten und Filme gucken

Meine größte Stärke: Humor

Meine größte Schwäche: Tagträumereien

Was ich bei anderen mag: Ehrlichkeit.

Was ich bei anderen gar nicht mag: Aggressionen

Ihre Rolle:

Tara ist die eigenwillige Schwester von Pedro. Nach einem schlimmen Streit mit ihm lebt sie nun bei den Wildpferden. Tara kämpft für deren Freiheit und beschützt sie.

Die Leitstute der Herde ist Calima, Ostwinds Mutter. Zu ihr hat Tara ein ähnlich enges Verhältnis wie Mika zu Ostwind. Tara erkennt den Hengst sofort, als sie ihn an der Quelle sieht. Um ihn hat sie sich besondere Sorgen gemacht, als er vor Jahren eingefangen wurde. Denn Tara weiß, dass er eine empfindsame Seele und einen starken Willen hat. Tara ist es schließlich auch, die Ostwind wieder mit den Wildpferden zusammenführt.

Um die Pferde zu schützen, schreckt Tara auch vor drastischen Mitteln nicht zurück.

20

Nicolette im Interview:

Was gefällt dir besonders an deiner Rolle?

Tara ist wie ein Wesen aus einem Fantasy-Roman — ein bisschen wie eine Hexe. Das finde ich toll!

Welche Eigenschaft der Person, die du spielst, gefällt dir besonders?

Tara ist wild und sensibel.

Hattest du schon vorher mit Pferden zu tun?

Ich habe als Mädchen voltigiert.

Kannst du reiten?

Nicht besonders gut. Aber ich hatte das Glück, von Kenzie Dysli trainiert zu werden. Sie hat mir sehr viel über Pferde beigebracht.

Was war dein beeindruckendstes Erlebnis beim Dreh?

Am beeindruckendsten war es, inmitten einer Wildpferdeherde herumzulaufen und Kontakt mit den Pferden aufzunehmen.

Was ist an »Ostwind – Aufbruch nach Ora« besonders?

Der Film handelt von Freiheit. Eigentlich tun das ja alle »Ostwind«-Filme. Aber dieses Mal erfährt Mika, dass Freiheit einen Preis hat, der auch mal wehtun kann. Am Ende ist es aber ein süßer Schmerz …

Was hat dir am besten am Dreh in Andalusien gefallen?

Die Landschaft, die Menschen, die Pferde. Ich bin manchmal nachts aufgestanden und zu den Ställen gegangen, weil mir die Pferde so gut getan haben.

Tara lebt in einem uralten Haus direkt hinter der Quelle.

Ostwinds Wurzeln

An drei sehr unterschiedlichen Orten erlebt Ostwind gravierende Dinge, die ihn für sein weiteres Leben prägen und zu dem Pferd machen, das er ist.

Gut Kaltenbach

Auf Gut Kaltenbach begegnet Ostwind Mika. Seit der Hengst in Deutschland ist, ist sie der erste und einzige Mensch, der ihn versteht. Sie wird zu seinem emotionalen Zuhause. Ostwind und sie vertrauen einander blind. Herr Kaan erklärt Mika, die sich zuvor noch nie für Pferde interessiert hat, dass sie und der Rappe zusammen eine Herde sind. Mika muss vorangehen, dann wird er ihr folgen. Genauso ist und bleibt es bis zum Schluss.

Mika und Ostwind schleichen sich aus Kaltenbach davon.

Hacienda Monte Sabio

An die Hacienda hat Ostwind keine guten Erinnerungen. Er ist dort hin gekommen, nachdem Pedros Leute ihn gejagt, eingefangen und von der Herde weggebracht haben.

Als wäre das nicht schon schlimm genug, bekommt der Rappe auf der Hacienda außerdem ein Brandzeichen. Den jungen Hengst, der Ostwind damals war, versetzt dieses Erlebnis in grenzenlose Panik.

Als er nach Jahren zusammen mit Mika auf die Hacienda zurückkehrt und in der Box nebenan ein junger Hengst das gleiche Schicksal erleidet, ist Ostwinds Fell klitschnass. Er leidet mit dem anderen, weiß noch sehr genau, wie verzweifelt und voller Angst er damals war. Die Erlebnisse aus dieser Zeit begleiten Ostwind noch heute.

Das glühende Eisen zeigt das Symbol der Silberdistel von Ora.

Beim Rennen von Ora beweist Ostwind sein Talent.

Ora

Ora ist für Ostwind ein kleines Paradies. Es ist der Ort seiner Kindheit, der Ort, an dem er glücklich war, wo er sich sicher und aufgehoben fühlte. Dort ist er jederzeit von seiner Familie umgeben gewesen, kannte weder Einsamkeit noch Angst. Immer waren andere junge Hengste da, mit denen er sich messen konnte. Aber auch von den älteren Pferden konnte er lernen. Vor allen Dingen hat Ostwind in Ora aber eines kennengelernt: Freiheit. Sie ist ihm wichtiger als alles andere auf der Welt. Ostwind hat es schon immer geliebt, durch die raue Landschaft Andalusiens zu galoppieren, schnell wie der Wind. Und in Ora kann der Hengst ganz er selbst sein – ein Wildpferd unter Wildpferden.

Ostwind weiß, dass Mika nicht bei ihm in Ora bleiben kann. Das liegt in der Natur der Sache. Mika ist ein Mensch, er ein Pferd. Trotzdem wird Ostwind Mika niemals vergessen. Er wird die Erinnerung an sie auf die gleiche Art bewahren, wie er all die Zeit die Erinnerung an die Wildpferde in seinem Herzen getragen hat.

Die Wildpferde wollen Ostwind zu sich holen.

23

Ostwind

Seine Rolle:

Ostwind ist schon immer sehr wild gewesen und voller Bewegungsdrang. Eingesperrt zu sein erträgt er nicht. Und obwohl er seit geraumer Zeit draußen auf einer Koppel lebt, fühlt sich der Rappe in Kaltenbach zunehmend fremd und fehl am Platz.
Eine unerklärliche Unruhe hat ihn erfasst. Es sind dunkle, lange zurückliegende Erinnerungen, die ihn antreiben, eine tief sitzende Sehnsucht, die sich mit Nachdruck bemerkbar macht.

Als Mika, die Ostwind nach Spanien begleitet, von ihrer neuen Freundin Samantha erfährt, dass es in der Nähe der Hacienda ihres Vaters Wildpferde gibt, wird Mika einiges klar. Sie ahnt, woher der Rappe seinen Freiheitswillen und sein feuriges Gemüt hat. Je länger sie in Spanien sind, umso deutlicher merkt Mika, wie Ostwind sich verändert. Da gibt es etwas, das ihn von ihr wegzieht, etwas, das ein Teil seiner selbst ist. Ostwind kann nicht anders, er muss diesem Ruf folgen.
Trotzdem will er Mika nicht unglücklich machen. Er gibt ihr die Zeit, die sie braucht, um ihn loszulassen. Als Mika schließlich bereit ist, ihn seiner Familie zu übergeben, fällt eine große Last von ihm ab, er wirkt wie befreit.

Mika spürt, dass Ostwind nicht mehr der Gleiche ist.

Beim Rennen von Ora ist Ostwind ganz in seinem Element.

Die Pferde:

Ostwind wird, wie in den ersten beiden Filmen, auch in »Ostwind – Aufbruch nach Ora« von zwei Pferden gespielt. Der Wallach James und der Hengst Atila teilen sich die Rolle und ergänzen sich dabei perfekt.
Atila ist wild und temperamentvoll, der sensible James geduldig und freundlich.

Entsprechend ihrem unterschiedlichen Naturell werden die beiden Rappen am Set eingesetzt und es wird darauf geachtet, dass sie sich während des Drehs jederzeit wohlfühlen und genügend Pausen bekommen.

Hanna und James sind echte Freunde geworden.

James kommt bei den ruhigeren Szenen zum Einsatz.

James:

Pferdetrainerin Kenzie Dysli fand ihn einst angebunden an einer Straßenlaterne. Sie setzte alles daran, ihn behalten zu können, was ihr glücklicherweise auch gelang.

Kenzie doubelt Hanna in dieser Szene mit Atila.

Atila:

Atila stammt von einer portugiesischen Zuchtlinie reiner Stierkampfpferde ab, und ist daher ein sehr mutiger und kämpferischer Hengst.

Atila beim Rennen von Ora.

Calima

Ihre Rolle:

Calima ist Taras Pferd und die Leitstute der Wildpferde, mit denen sie in Ora lebt. Calima und Ostwind erkennen einander sofort wieder, als sie sich unter dramatischen Bedingungen wiederbegegnen. Calima ist schwer verletzt, sie liegt schon eine Weile hilflos am Boden, als Ostwind sie entdeckt. Wäre er später gekommen, so wäre die Stute gestorben. Dank Ostwind kann Calima jedoch gerettet werden.

Calima ist aber nicht nur Ostwinds Mutter, sondern auch die des jungen Hengstes, den Pedros Leute eingefangen haben, um ihm ein Brandzeichen zu verpassen. Kurz vor Beginn des Rennes von Ora führen Pedro und Tara die Stute zu ihrem Sohn, damit die beiden wieder vereint sind.

Calima hat eine schlimme Verletzung am Bein erlitten.

Die Pferde:

Calima:

Calima ist eines von Kenzie Dyslis eigenen Pferden, heißt in Wirklichkeit Apollo und ist ein Wallach. Apollo ist ein Lusitano-Mix.

Der junge Hengst hat Angst vor dem glühend heißen Eisen.

Mika tröstet den jungen Hengst, der ein Brandzeichen bekommen hat.

Das Fohlen:

Das Fohlen, das den kleinen Hengst spielt, heißt eigentlich Brownie und gehört zu der Quarter Horse-Zucht auf der Hacienda Buena Suerte.

Während Apollo schon Filmerfahrung hat, ist Brownie ein vollkommener Film-Neuling.

Die Wildpferde

Die Rolle:

Die Wildpferde leben an der Quelle von Ora. Tara haben sie als eine von ihnen akzeptiert. Auch Ostwind nehmen die Wildpferde wieder in ihre Reihen auf. Es ist wichtig, dass ein Tier weiß, wo es hingehört. Tara beschreibt das so: »Eine Herde ist ein lebender Organismus. Jedes Tier kennt seinen Platz und ist für die Gemeinschaft verantwortlich. Ein Pferd ohne Herde ist schutzlos und einsam.«

Die Pferde:

Die Wildpferd-Herde stammt aus Ronda und wurde von Gerd Grzesczak (Horse Master/ESN – The European Stuntwork) und seinem Sohn Simon gefunden. Die beiden haben die ganze Provinz nach einer so großen tollen Herde und einem Pferdebesitzer abgesucht, der bereit war, seine Tiere für die Dreharbeiten zur Verfügung zu stellen.
Aber auch danach blieb es schwierig. Gerd Grzesczak erinnert sich: »Die Arbeit mit der Herde war natürlich eine besondere Herausforderung: Als erstes ist man gut beraten, die Herde zu beobachten und das soziale Verhalten der Pferde untereinander zu erkennen. In unserem Fall lief alles über die Leitstute, die durch ihre Dominanz auch die Grenzen absteckte, in denen wir uns bewegen konnten.«

Mika spürt die Präsenz der Wildpferde.

Nur wenn die Leitstute mitspielt, folgen auch die übrigen Pferde.

Nicht nur technisch eine Herausforderung – der Dreh mit mehreren Pferden.

27

Stute 34

Die Rolle:

Die weiße Stute, die erstmals in »Ostwind 2« auftaucht und Ostwinds Freundin wird, hieß eigentlich 33. Doch nachdem Mika und Milan das Pferd aus den Händen des Abdeckers befreit haben, geben sie ihm einen neuen Namen. Denn 33 bezeichnete die Nummer des Verschlages, in dem die Stute gefangen gehalten wurde. Mika und Milan haben den gleichen, trockenen Humor und sind sich sofort einig: Aus 33 wird ab sofort 34. Eigentlich lebt 34 zusammen mit Ostwind auf der Koppel. Doch nach einer Weile will sie wieder zurück in den Stall. Mika kann sich das zunächst nicht erklären. Aber natürlich wird der Wunsch des Pferdes respektiert.
Als Mika aus Andalusien zurückkehrt, hat 34 ein Fohlen geboren. Mika hatte nicht geahnt, dass sie trächtig war.

Das Pferd:

Stute 34:

Sasou spielt die Stute, ist in Wahrheit aber ein Hengst. Sasou ist am 03.07.2009 in Granada/Andalusien geboren worden und gehört Kenzie Dysli.

Sasou ist ein Cremello, hat blaue Augen und ist sehr sensibel. Auch in schwierigem Gelände ist er sehr trittsicher.

Zu Stute 34 hat Milan ein enges Verhältnis.

Mika ist ganz hingerissen von dem Fohlen.

Das Fohlen Ora

Die Rolle:

Das Fohlen ist das Kind von Stute 34 und Ostwind. Sein Fell ist schwarz-weiß.

Zwischen Mika und Ora besteht von Anfang an eine tiefe Verbundenheit. Mika ist es, die dem Kleinen zusammen mit Milan auf die Beine hilft, als es nach der Geburt nicht aufstehen kann. Ora verbindet den Duft seines Vaters also von Anfang an mit Mika. So kommt es, dass das Fohlen und Mika zusammen in Kaltenbach spielen, während Ostwind an der Quelle von Ora mit seiner Mutter Calima herumtobt. Auch wenn sie Tausende Kilometer voneinander entfernt sind – sie sind doch eine Familie.

Das Pferd:

Die Geburt des Fohlens, das die Stute von Katja von Garnier zur Welt brachte, wurde gefilmt, um die Szenen später in den Kinofilm hineinschneiden zu können.

Dank Ora ist ein bisschen von Ostwind bei Mika geblieben.

Die Drehorte:

»Ostwind – Aufbruch nach Ora« hat die Produktion in vielerlei Hinsicht vor große Herausforderungen gestellt.

Atila geduldig beim Dreh im kalten Wasser.

Anderes Land, andere Möglichkeiten

Bei der Suche nach den Locations in Spanien orientierte sich die Produktion stark am Wohnsitz von Pferdetrainerin Kenzie Dysli. Deshalb wurde in der Umgebung rund um die Kleinstadt Ronda gescoutet.
»Dort haben wir auch unsere Hacienda Monte Sabio gefunden, die auf einem Hügel gelegen ist und einfach traumhaft aussieht«, erinnert sich Produzentin Ewa Karlström. »Die Landschaft in Andalusien ist einfach unfassbar schön. Wohin man sieht, wird man von der Schönheit überwältigt.«

Eine Stadt wie aus dem Bilderbuch.

Eiskalte Herausforderungen

Leider war das Wasser der Quelle eiskalt. In der Szene, in der Hanna und Lea darin schwimmen mussten, trugen sie dicke Neopren-Anzüge, die man im Film natürlich nicht sieht.

Altbewährtes

Insgesamt wurde 29 Tage in Spanien gedreht, danach ging es für weitere 13 Drehtage nach Hessen. Dort wurden zum Beispiel die Szenen im Therapiezentrum Kaltenbach aufgenommen, die wieder auf Gut Waitzrodt gedreht wurden.

Viele tolle Locations standen zur Wahl.

Das beeindruckende Eingangstor zum Gelände der Hacienda Monte Sabio.

Die Pferdetrainerin

Kenzie Dysli ist Pferdetrainerin mit Leib und Seele. Beim Umgang mit den Tieren geht es für sie in erster Linie um Ehrlichkeit, Respekt und gegenseitiges Vertrauen.

»Pferde bedeuten für mich Leben«

Kenzie Dysli gilt als eine der besten Reiterinnen Europas und hat sich dem Natural Horsemanship verschrieben. Dabei steht die Beziehung von Reiter und Pferd im Mittelpunkt. Kenzie schafft es, dass zwischen ihr und dem Pferd ein unsichtbares Band entsteht. Dafür braucht sie nur sanfte Gesten. Es ist eine Kommunikation der leisen Töne.

Katja, »Ostwind«, Kenzie und Hanna sind ein eingespieltes Team.

Vom ersten Tag an mit dabei

Kenzie war für den Dreh der OSTWIND-Reihe sehr wichtig. Beim ersten Teil brachte sie den Wallach James und den Hengst Atila mit. Beide wurden wechselweise als Ostwind eingesetzt. Im zweiten Film kam der Cremello Sasou hinzu. Er spielte die Stute 33. Und in »Ostwind – Aufbruch nach Ora« sind nun gleich mehrere neue Pferde mit von der Partie.

Letzte Drehbesprechung mit Regisseurin Katja von Garnier.

Anstrengend, aber voller Spaß

Beim Dreh hatte Kenzie diesmal wirklich alle Hände voll zu tun. Sie beschreibt dies so: »Grundsätzlich bin ich Pferdetrainerin am Set und Double. Es ist nur so, dass ich Trainerin aller Pferde bin und Double von drei Schauspielerinnen – Hanna Binke, Lea van Acken und Nicolette Krebitz. Die Pferde der Schauspieler sind auch alle meine. Ich bin also immer am Set, wenn die Pferde am Set sind, entweder als Trainerin oder als Double. Wenn irgendein Trick verlangt wird, wird immer mein Name gerufen. Es ist anstrengend, aber macht wirklich viel Spaß.«

Wenn Kenzie Hanna doubelt trägt sie eine Perücke und Klamotten wie Mika.

Die Regisseurin

Katja von Garnier ist nicht nur international äußerst erfolgreich, sondern auch sehr außergewöhnlich in ihrer Art zu arbeiten.

Auch als Regisseurin ist Katja von Garnier ein Team-Player.

Hanna Binke über Katja von Garnier:

»Katja ist für mich eine ganz besondere Regisseurin. Ich kenne auch Regisseure, die einem ihre Anweisungen geben, und dann muss man es genauso machen, wie es im Drehbuch steht. Aber mit Katja arbeitet man richtig zusammen.«

Katja von Garnier bleibt auch in schwierigen Szenen cool.

Ähnlich begeistert äußert sich auch Lea Van Acken:

»Katja bringt unheimlich viel Ruhe mit und nimmt sich für die wichtigen Momente sehr viel Zeit. Sie lässt Spielraum für Improvisation, schätzt kleine Gesten, kleine Momente.«

Wie immer ganz konzentriert bei der Sache.

Katja von Garnier, geboren in Wiesbaden, wuchs im nahe gelegenen Taunusstein auf. Nach eigener Aussage »ein bisschen wie Pippi Langstrumpf«, mit vielen Hunden und Pferden.

Auch privat hat Katja eine enge Bindung zu Pferden.

Katja von Garnier liebt ihre Arbeit – und ist mega-erfolgreich.

Die Botschaft des Films

»Ostwind – Aufbruch nach Ora« will mehr sein als nur ein schöner Film. Etwas soll in Erinnerung bleiben, eine Erkenntnis, die durchaus ein bisschen schmerzhaft sein kann.

Es geht nicht nur um Pferde

»Ostwind – Aufbruch nach Ora« erzählt die Geschichte eines aufregenden Abenteuers, das mitreißt und zu Herzen geht. Und wie jede gute Geschichte, hält der Film auch eine wichtige Botschaft bereit. Sie lautet: »Wenn du jemanden liebst, dann lass ihn frei!«

Tiefgang erwünscht

Produzentin Ewa Karlström erklärt, was damit gemeint ist: »Es geht um Familie, um Verantwortung, ein bisschen auch ums Erwachsenwerden, ums Versöhnen und Verzeihen. Und es geht um Zuhause, um den Platz, den man in seinem Leben finden will. ›Wenn du jemanden liebst, dann lass ihn frei!‹, das hat viele verschiedene Bedeutungen, und viele davon treffen auf unseren Film zu.«

Happy End ohne Zuckerguss

Hanna Binke sieht das ganz genauso und steht voll hinter dieser Aussage: »Wenn man einen Menschen liebt, dann will man, dass es ihm gut geht. Dann kann es sein, dass man ihn loslassen muss, damit er frei sein kann, auch wenn das im ersten Moment wahnsinnig wehtut. Das ist doch die beste Message, die man mit einem kleinen Pferdefilm wie dem unseren rüberbringen kann.«

Mika weiß, dass Ostwinds Platz bei den Wildpferden ist.

Ostwind ist »Die Seele Andalusiens«.

Mika und Ostwind – sie verbindet tiefe Zuneigung.

Ostwind ist bei seiner Familie angekommen.

33

Zeit für einen Aufbruch

Gut Kaltenbach ist nun ein Therapiezentrum. Rein äußerlich scheint alles perfekt, doch Mika spürt, dass irgendwas passieren muss.

Der Schein trügt

Eigentlich sollte Mika glücklich sein. Das Therapiezentrum Kaltenbach läuft bestens. Ihre Großmutter hat zum ersten Mal seit einer gefühlten Ewigkeit keine finanziellen Probleme mehr. Die gut zahlenden Kunden geben sich die Klinke in die Hand, denn Mika hat inzwischen, wegen ihres besonderen Gespürs für Pferde, eine gewisse Berühmtheit erlangt. Mika kann Ostwind jeden Tag sehen, genauso wie ihren Freund Milan, der sich auf dem Gestüt um die Pferde kümmert.

Trotzdem merkt Mika, dass etwas nicht stimmt. Nachts träumt sie von wilden Pferden, die über eine trockene Landschaft galoppieren und an einer Quelle trinken. Und dann ist da immer wieder diese fünfzackige Blüte mit zwei parallelen Wellenlinien darunter.
Mika kann mit diesen Bildern zunächst nichts anfangen. Doch es ist, als würden sie sie rufen. Bald jedoch beginnt Mika zu ahnen, dass es Ostwind ist, der ihr diese Bilder schickt …

Im Therapiezentrum Kaltenbach herrscht großer Andrang.

Ernüchternde Realität

Die Bilder von Freiheit, die Mika in ihren Träumen sieht, könnten kaum in einem größeren Kontrast zu ihrem Alltag stehen: Die Kunden nerven Mika mit ihrer Ignoranz und Unfähigkeit. Die allermeisten von ihnen glauben, ihre Pferde seien das Problem. Dabei sind es die Leute selbst, die nichts begreifen und alles falsch machen. Sie wollen die Pferde zu etwas zwingen, sie kontrollieren, statt ihnen zu vertrauen.

Mika fällt es zunehmend schwer, eine freundliche Fassade aufrechtzuerhalten. Sie ist enttäuscht. Die Sache mit dem Therapiezentrum hatte sie sich ganz anders vorgestellt. Auf Kaltenbach fühlt sie sich zunehmend fehl am Platze. Und auch Ostwind ist nicht glücklich. In letzter Zeit, nimmt er immer wieder Reißaus und hält es nicht mehr auf seiner Koppel aus.

Mika erinnert sich genau an das Symbol aus ihren Träumen.

Dem Zeichen folgen

Nach einer Nacht, in der Mika bei Ostwind auf der Koppel geschlafen hat, ist es Herr Kaan, der ihr den Rat gibt, für eine Weile wegzugehen, eine Reise zu machen. Aber wohin soll die führen? Mika ist zunächst ratlos. Erst als Milan ihr Ostwinds Brandzeichen zeigt, das Mika bisher für einen harmlosen Fellwirbel hielt, weiß sie, wo sie nach Antworten suchen kann.

In der Bibliothek von Kaltenbach findet sie ein altes, vergilbtes Buch über Rassen und Gestütsbrände Spaniens. Darin stößt Mika auf das Zeichen, das Ostwind auf der Haut trägt, und das ihr in ihren Träumen immer wieder begegnet ist. Es ist die Silberdistel von Ora. Mika weiß nun, wohin sie gehen muss: in die Provinz Cádiz, tief im Süden Spaniens.

Mika reist mit leichtem Gepäck.

Das Buch über die Brandmale nimmt Mika mit nach Spanien.

Die Hacienda Monte Sabio

Auf der Hacienda findet Mika nicht nur eine neue Freundin. Sehr bald beginnt sie auch zu ahnen, weshalb ihr Weg sie ausgerechnet dorthin geführt hat.

Auf den Spuren der Vergangenheit

In Spanien angekommen, hat Mika keine Ahnung, wie es weitergehen soll. Sie fragt nach einem Ort namens Ora, den aber niemand zu kennen scheint. Entnervt wirft Mika das Buch mit den Brandzeichen hinter sich. Es landet direkt vor einem Reiter, der empört protestiert. Als Mika dem Mann sagt, wo sie hin will, horcht er auf. Er erklärt Mika, dass er das Rennen von Ora kennt. Mika sei jedoch dreißig Jahre zu spät.

Mika ist es nicht ganz geheuer auf der Hacienda.

Die Karte hilft leider auch nicht weiter.

Mika spürt gleich, dass sie hier nicht allein ist.

Das Rennen gibt es nicht mehr. Es wurde irgendwo nördlich von dem Ort, an dem sie gerade sind, abgehalten. Trotz dieser vagen Angabe reitet Mika weiter. Sie ist sicher, dass Ostwind den Weg schon finden wird. Kurz darauf erreichen Mika und der Rappe eine Hacienda. Neugierig schaut Mika sich um. Dann entdeckt sie einige Geländewagen, auf denen ein Symbol prangt, das genauso aussieht wie Ostwinds Brandzeichen.

Keine Freundschaft auf den ersten Blick

Samantha erwischt Mika, die bei den Jeeps steht und gedankenverloren das Logo mit den Fingern nachzieht. Sam ist zunächst schroff und unfreundlich zu Mika, denn sie hält sie für Sonja, eine junge Frau aus Deutschland, die sich als Work-&-Travel-Kraft angemeldet hat und bereits überfällig ist.

Mika lässt Samantha zunächst in dem Glauben, sie sei Sonja, um nicht gleich wieder weggeschickt zu werden. Sie will sich erst einmal in Ruhe umsehen.

Mika wird in einer ziemlich bescheidenen Baracke einquartiert und lernt Samanthas Vater kennen – einen sehr stolzen und strengen Mann.

In den nächsten Tagen muss Mika auf der Hacienda ordentlich mit anpacken.

Von ihrer Unterkunft ist Mika gar nicht begeistert.

Mika hasst es, Geschirr zu spülen.

Pferdeliebe vereint

In ihrer ersten Nacht auf der Hacienda hat Mika einen Albtraum und schleicht sich in den Stall zu Ostwinds Box. Dort wird sie Zeugin, wie in der Nachbarbox einem jungen Hengst ein Brandzeichen aufgedrückt wird. Es ist das gleiche, das auch Ostwind trägt. Zum ersten Mal lernt Mika Samantha von ihrer verletzlichen Seite kennen, denn das sonst so forsche Mädchen zögert, das glühende Eisen zu benutzen. Es ist ihr Vater, der es ihr schließlich aus der Hand nimmt, und die Aufgabe erledigt.
Mika findet kurz darauf die weinende Samantha.

Als Mika ihr offenbart, dass sie nicht Sonja ist, und Ostwind auf der Hacienda vermutlich das Gleiche erlebt hat, wie eben der junge Hengst, wird Sam erstmals zugänglicher und öffnet sich etwas. Samantha verteidigt ihren Vater, erklärt, dass er gezwungen ist, die Pferde unter finanziellen Gesichtspunkten zu betrachten. Und er fordert auch von ihr, dass sie die Tiere emotional nicht zu nah an sich heranlässt.
Aber dazu ist Samantha beim besten Willen nicht in der Lage.

Erste Puzzleteile

Samantha ist es auch, die Mika nach und nach wichtige Informationen zukommen lässt. So erfährt Mika durch sie von der Existenz der Wildpferde und davon, dass Samanthas Vater vor Jahren ein Stutfohlen aus Deutschland gekauft hat – Ostwinds Mutter. Spätestens da erkennt Mika, dass sie zusammen mit Ostwind zu seinen Wurzeln zurückgekehrt ist.

Samantha glaubt, sie sei zu gefühlvoll.

Von Samantha erfährt Mika erstaunliche Dinge.

37

Mika und Ostwind: Die Vergangenheit holt sie ein

Mika muss erkennen, wie wenig sie eigentlich von Ostwind weiß, obwohl sie glaubte, ihn in- und auswendig zu kennen.

Eine spannende Information

Als Samantha von den Wildpferden erzählt, will Mika die natürlich sofort sehen. Aber Samantha wiegelt ab. Es ist offensichtlich, dass sie nicht recht mit der Sprache rausrücken möchte und Mika etwas verschweigt. Abgesehen davon, ruft aber ohnehin erst mal die Arbeit. Zäune warten darauf, repariert zu werden. Also gibt Mika fürs Erste klein bei.

Ein Ort reiner Freude

Aber nicht nur Mika kann es kaum erwarten, der Herde zu begegnen. Als Ostwind in der Nähe des Zauns, an dem Mika ziemlich unmotiviert einige Latten befestigt hat, eine alte, verwitterte Steinsäule sieht, prescht er so abrupt los, dass Mika die Wasserflasche aus der Hand fällt.
Kurz darauf stehen sie an einem idyllischen Ort. Mika gleitet von Ostwinds Rücken, läuft zwischen den Bäumen hindurch und steht dann mit ihm am Rande eines Felsenbeckens.

Mika hat richtig Spaß.

Gemeinsam mit Ostwind springt sie ins Wasser, und die beiden planschen ausgelassen in der Quelle herum.

Eine willkommene Abkühlung für alle.

Sam erzählt von ihrer Tante Tara.

Alte Bekannte

Die Freude währt jedoch nicht allzu lange. Samantha ist inzwischen zu Mika und Ostwind gestoßen und hat sich ebenfalls zu einem kleinen Bad hinreißen lassen.

Da taucht plötzlich eine Frau an der Quelle auf und bedroht die Freundinnen mit dem Gewehr. Mika traut ihren Augen nicht, als Ostwind zu der Frau trabt und sie ohne jede Scheu begrüßt. Mika hat das Gefühl, sie sehe eine Fata Morgana. Dann begreift sie: Die beiden kennen sich! Tara entpuppt sich als Sams Tante. Sie nennt den Hengst gleich zärtlich bei seinem Namen. Das kann kein Zufall sein! Zum ersten Mal fallen Mika nun auch die

Immer noch ein Teil der Herde

So bald wie möglich kehrt Mika erneut zur Quelle zurück. Und diesmal begegnet sie den Wildpferden. Ostwind spürt deren Anwesenheit, noch bevor sie zu sehen sind. Ein Pferd nach dem anderen löst sich aus dem Schatten der Bäume. Im Halbkreis stehen sie um die Quelle und trinken.
Ostwind weiß sofort, wen er vor sich hat. Diese Pferde sind seine Herde. Vom ersten Moment an fühlt er sich ihnen zugehörig. Der Wunsch, wieder bei seiner Familie zu sein, der ihn nach Spanien geführt hat, wird nun noch stärker. Aber noch ist der Moment für eine endgültige Rückkehr nicht gekommen …

Die Silberdistel in Mikas Hand ist nur eine von vielen.

Mika fühlt sich von der Quelle magisch angezogen.

Silberdisteln auf, die und um die Quelle herum überall wachsen. Als sie Samantha danach fragt und wissen will wie der Ort heißt, an dem sie sind, zuckt die nur die Achseln. Natürlich kennt sie den Ort: Dies hier ist die Quelle von Ora. Mika kann es kaum fassen. Ora! Sie ist an dem Ort, den sie die ganze Zeit gesucht hat.

Ostwinds Geschichte

Mika hat Ostwind erst auf Gut Kaltenbach kennengelernt. Er ist empfindsam und wild. Sie ahnt, dass er bereits ein sehr bewegtes und auch trauriges Leben hinter sich hat.

Herausgerissen aus dem Paradies

Als junger Hengst lebt Ostwind in Ora, zusammen mit den Wildpferden. Er ist einer von ihnen, geboren irgendwo in der Nähe der Quelle. Seine Mutter ist Calima.

Eines Tages jedoch wird Ostwind von Pedros Männern eingefangen. Dies gehört auf der Hacienda noch heute zur normalen Praxis. Die jungen Hengste werden verkauft und bringen Geld, auf das Pedro angewiesen ist, um die Hacienda weiterführen zu können. Durch das Einfangen der jungen Hengste wird zugleich verhindert, dass zu viele von ihnen an einem Ort leben, sich Revierkämpfe liefern und sich dabei möglicherweise verletzen.

Eingesperrt und unglücklich

Von der Hacienda Monte Sabio geht es für Ostwind nach Deutschland, wo Maria Kaltenbach ihn von einem weiteren Vorbesitzer erwirbt. Da Ostwinds Großmutter Halla ein berühmtes Springpferd war, ist der junge Hengst mit den guten Genen äußerst gefragt. Maria Kaltenbach, damals eine erfolgreiche Springreiterin, hofft, mit Ostwind viele Triumphe feiern zu können.

Dazu kommt es aber nicht, denn es ereignet sich ein verhängnisvoller Unfall. Maria Kaltenbach besucht Ostwind in seiner Box, als sie ihn beim Vorbesitzer abholen will. Der Rappe bäumt sich auf und rennt nach draußen. Maria Kaltenbach wird mitgeschleift und ist seither gehbehindert.

Maria Kaltenbach sperrt Ostwind daraufhin in eine dunkle Box, hält ihn für unbrauchbar und will ihn verkaufen.

Die Wildpferde flüchten vor den Geländewagen.

Ostwind erinnert sich genau, was ihm auf der Hacienda widerfahren ist.

Endlich eine Seelenverwandte

Jeder auf Gut Kaltenbach hat Angst vor dem wilden Rappen – bis Mika kommt. Zwischen den beiden gibt es sofort eine große Verbundenheit und tiefes Vertrauen. Sie können spüren, was der andere denkt und fühlt. Mika lässt Ostwind frei und dank Herrn Kaan darf er auf der Koppel neben dessen Wohnwagen bleiben und muss nicht zurück in eine Box.

Die Liebe lässt ihn bleiben

Im nahe gelegenen Wald lernt Ostwind die Stute 33 kennen, die nach ihrer Befreiung aus den Händen des Abdeckers in 34 umbenannt wird. Die beiden äußerlich so ungleichen Pferde verlieben sich ineinander und leben eine Weile zusammen auf der Koppel.
Doch dann will die Stute plötzlich in den Stall zurück, und Ostwind beginnt, unruhig zu werden. Allein hält ihn nichts mehr auf der Koppel. Er will nur noch weg, denn er weiß, da gibt es noch etwas anderes …

In Kaltenbach gilt Ostwind als gefährlich.

Mit Mika wagt sich Ostwind sogar auf ein Schiff.

41

Ein fataler Deal

Die Quelle von Ora droht von geldgierigen Investoren zerstört zu werden.
Ein unfairer Deal könnte für die Wildpferde das Ende bedeuten.

Ein schmutziges Geschäft

Lange hat Pedro versucht, es zu vermeiden. Aber er braucht dringend Geld, die Hacienda wirft einfach nicht genug ab. Deshalb verkauft er die Quelle und das Land drum herum schweren Herzens an den Bürgermeister. Pedro will das Land an die Gemeinde zurückgeben, allerdings unter der Voraussetzung, dass dort für Tara und die Wildpferde alles so bleibt, wie es ist. Leider hat sich Pedro mit einem mündlichen Versprechen abspeisen lassen – schriftlich hat er nichts. Als er von Mika erfährt, dass die Quelle jetzt der Water Flow Unlimited gehört, fällt Pedro aus allen Wolken. Ihm ist klar, dass dieser Konzern die Wildpferde töten wird. Diesen Leuten ist egal, ob sie, um ihre Pläne umzusetzen, Wildschweine, Kojoten oder wilde Pferde abschießen müssen.

Umgehend versucht Pedro, den Deal rückgängig zu machen, doch der Bürgermeister lacht ihn nur aus. Da begreift Pedro, dass er von seinem angeblichen Freund vorsätzlich über den Tisch gezogen worden ist.

Geschäftemacher ohne Gewissen

Die Water Flow Unlimited ist ein Lebensmittelkonzern von höchst zweifelhaftem Ruf. Gerade kauft er überall in der Welt Quellen auf – meistens von kleinen, armen Gemeinden, die nicht verstehen, wie wertvoll Wasser ist. An der Quelle von Ora will Water Flow Unlimited eine Abfüllanlage bauen.
Diese Leute kennen keine Skrupel, sie denken nur an den kommerziellen Erfolg. Sie haben weder vor Menschen noch vor Tieren Respekt. Geld regiert ihre Welt.

Die Freundinnen haben gelauscht und sind geknickt.

Water Flow Unlimited macht gleich Nägel mit Köpfen.

Auch Ostwind spürt, dass hier nichts Gutes geschieht.

Die Zeit drängt

Hat die Water Flow Unlimited eine Quelle erst einmal erworben, geht alles ganz schnell. So ist es auch in Ora. Binnen kürzester Zeit haben die Arbeiter von Water Flow Unlimited rund um die Quelle Absperrband und Stacheldraht angebracht. Dabei sind sie achtlos über die Disteln hinweggetrampelt. Die ersten Bagger rollen bereits an. Mika und ihren Freunden muss ganz schnell etwas einfallen, wie sie dem zerstörerischen Treiben von Water Flow Unlimited Einhalt gebieten können.

Über der Quelle kreisen bereits Hubschrauber.

43

Der Streit zwischen Tara und ihrem Bruder Pedro

Beide lieben sie Pferde, allerdings auf ihre eigene, sehr unterschiedliche Art. Und weil beide sehr stur sind, hat dies weitreichende Konsequenzen.

Scheinbar so ungleiche Geschwister

Früher waren Tara und Pedro unzertrennlich. Aber dann hatte Tara immer ausgefallenere Ideen, wie man mit Pferden umgehen sollte. Auf der Hacienda zerstörte sie Zäune und bedrohte Kunden, denn sie wollte, dass die Pferde in Freiheit leben.

Zum endgültigen Bruch zwischen Bruder und Schwester kam es dann, als Pedro eine Stute aus Deutschland kaufte – Ostwinds Mutter Calima. Sie war sehr wild. Wer ihr zu nah kam, den verletzte sie – so auch Pedro. Nur einen Menschen ließ Calima an sich heran – und das war Tara.

Sogar gegen ihre Nichte erhebt Tara die Waffe.

Als Tara hörte, dass Pedro die Stute weggeben oder einschläfern lassen wollte, flüchtete sie mit Calima in einer Nacht-und-Nebel-Aktion zu den Wildpferden. Seither lebt Tara in dem alten Haus ihrer Urgroßeltern hinter der Quelle.

Calima in Not

Die Geschwister haben jahrelang keinen Kontakt mehr gehabt, bis Calima verletzt wird. Es ist Ostwind, der sie findet, als er und Mika gerade von einem Besuch bei Tara zurückkommen.

Die Wildpferde sind Taras neue Familie.

Calima blutet stark, ihr Bein ist verletzt. In ihrer Not ruft Mika Pedro an, der sofort zur Hilfe eilt. Mit gekonnten Griffen untersucht er das verletzte Bein der Stute.

Da taucht plötzlich Tara auf. Sie will nicht, dass ihr Bruder ihre geliebte Calima anfasst. Erneut geraten die Geschwister in Streit. Pedro wirft seiner Schwester vor, eine Träumerin zu sein. Mit ihren Kräutern wird sie Calima nicht mehr helfen können. Tara ihrerseits nennt ihren Bruder ignorant. Statt um die Pferde, gehe es ihm nur darum, mit ihnen Geld zu verdienen.

Über ihren Streit scheinen beide den Ernst der Lage zu vergessen. Mika muss eingreifen. Sie erinnert Tara und Pedro daran, dass es hier nicht um sie geht, sondern um das Leben der Stute. Ihre Streitigkeiten sind unwichtig im Vergleich dazu.

Obwohl Tara die Entscheidung nicht leichtfällt, willigt sie schließlich ein, dass Pedro Calima mit zur Hacienda nehmen kann, um sie dort zu behandeln.

Calima geht es sehr schlecht.

Dank Calima wieder versöhnt

Schließlich ist es die Stute selbst, die die beiden Streithähne wieder näher zueinanderfinden lässt. Zum ersten Mal seit einer halben Ewigkeit ist Tara zur Hacienda gekommen, um nach ihrem kranken Pferd zu sehen. Als Tara dort ankommt, ist Pedro gerade im Stall bei Calima, kümmert sich um sie und streicht ihr liebevoll über den Kopf.

Tara setzt sich zu den beiden ins Stroh.

Pedro muss zugeben, dass man immer noch spürt, wie viel Calima und Tara einander bedeuten. Das berührt ihn. Außerdem gibt er zu, dass er sauer auf seine Schwester war, weil sie die Pferde den Menschen vorzieht.

Natürlich weiß auch Tara, dass sie in der Vergangenheit Fehler gemacht hat. Zum ersten Mal seit langem können die Geschwister wieder miteinander reden.

Bei Pferden macht Tara niemand etwas vor.

Tara und Mika – zwei Kentauren

Pedros Schwester Tara und Mika sind zwei ganz besondere Menschen.
Beide besitzen sie im Umgang mit Pferden eine seltene Gabe, die sie vereint.

In der Nähe von Pferden sind sie glücklich.

Zwei, die sich verstehen

Als Mika von Samantha erfährt, wie engagiert sich Tara für die Freiheit der Pferde einsetzt, fühlt sie sich ihr gleich verbunden. Mika verteidigt Tara, als Samantha sie als durchgeknallt bezeichnet. Da ahnt Mika bereits, dass Tara und sie sehr viel gemeinsam haben.

Mika beschließt, noch einmal mit Tara zu reden, obwohl sie zunächst nur eine vage Vorstellung hat, wo sie Pedros Schwester finden kann. Aber Mika will von Tara mehr über Ostwinds frühe Jahre erfahren. Dinge, die vor der Zeit lagen, in der sie den Hengst kennengelernt hat.

Tanz mit den Wildpferden

Mika begegnet Pedros Schwester erneut, als sich diese in einer Ausnahmesituation befindet. Ein Hubschrauber von Water Flow Unlimited kreist über der Quelle. Die Wildpferde sind in Panik. Tara rennt durch das hohe Gras auf eine geschützte Wiese, winkt die Pferde zu sich – und diese folgen ihr. Das alles geschieht ohne Worte. Um sich mit den Wildpferden zu verständigen, reichen Tara kleine Gesten.

Die Wildpferde jagen auf Tara zu, umkreisen und umtanzen sie. Tara ist ihre Mitte. Die Pferde folgen ihren Bewegungen.

Mika kennt dies alles. Auch bei Ostwind und ihr reichen Blicke aus, um zu wissen, was der andere fühlt.

Zwei Frauen, eine Begabung

Als Mika kurz darauf Taras Haus betritt, sieht sie ein Bild, das an die Wand gemalt ist. Es zeigt ein Pferd, das schützend neben einer schlafenden Frau steht. Sofort kommen Mika die Worte von Herrn Kaan wieder ins Ohr, die er vor einer gefühlten Ewigkeit einmal zu ihr gesagt hat: »Die Schläferin. Geboren mit der Gabe, die Sprache der Pferde zu verstehen.« Damals hatte Mika in ihrer ersten Nacht auf Kaltenbach bei Ostwind in der Box geschlafen. Herr Kaan hatte sogar eine Holzfigur von dieser Szene geschnitzt. Aber diese Erinnerung hätte es gar nicht gebraucht.

Mika weiß längst: Tara ist wie sie – eine Kentaurin. Jemand, der ein Pferd nicht wie ein Mensch begreift, sondern wie ein anderes Pferd.

Zusammen ein Ganzes

Dass auch Tara weiß, mit wem sie es zu tun hat, bekommt Mika wenig später eindrucksvoll bewiesen. Tara will Mika Ostwinds Familie vorstellen, deshalb ruft sie die Wildpferde zu sich. Dazu legt Tara dem Rappen die Hand sanft auf den Rücken, dann schließt sie die Augen, atmet ruhig ein und aus.

Ein Wildpferd nach dem anderen taucht auf der Kuppe des Hügels in der Nähe des Hauses auf. Zusammen galoppiert die Herde schließlich den Abhang hinunter, direkt auf Mika und Tara zu. Die beiden stehen Seite an Seite, werden umwogt von den Wildpferden. Mika berührt ihre Mähnen, Schweife, Nüstern, schließt wie Tara die Augen und lächelt glücklich. In diesem Moment sind sie alle vereint.

Für die Wildpferde ist Tara eine von ihnen.

Tara weiß, wie Mika sich fühlt.

Ora muss gerettet werden

Die Quelle von Ora scheint bereits verloren. Doch dann bekommen Mika und Samantha unerwartete Unterstützung.

Keine guten Neuigkeiten

Völlig überraschend taucht plötzlich Mikas Freundin Fanny auf der Hacienda auf. Fanny hat sich große Sorgen um Mika gemacht, weil sie sie über Handy nicht mehr erreichen konnte – ein Zustand, den Fanny absolut inakzeptabel fand. Also hat sie sich aus den wenigen Infos, die sie hatte, Mikas Aufenthaltsort zusammengereimt und ist zu ihr gefahren.

Zusammen mit Mika und Samantha wird Fanny bereits kurz nach ihrer Ankunft in der Hacienda-Küche Zeugin, wie Pedro vergeblich versucht, den Verkauf der Quelle rückgängig zu machen.

Zunächst klärt Fanny, die stets bestens informiert ist, Mika und Samantha darüber auf, wer und was die Water Flow Unlimited eigentlich ist. Dass sie es mit einem weltweit agierenden Konzern zu tun haben, macht die Situation nicht gerade einfacher.

Fanny ist äußerst gut im Recherchieren.

Mika und Samantha schütteln zunächst den Kopf. Doch dann kommt Mika die rettende Idee. Sie hakt nach, will von Fanny wissen, ob dafür auch eine alte Tradition infrage kommt.

Als Fanny bejaht, deutet Mika auf die Bilder an der Wand. Das Rennen von Ora, es erfüllt alle Kriterien.

Ein Silberstreif am Horizont

Aber Fanny gibt nicht auf. Fieberhaft tippt sie auf ihrem Tablet ›Norbert‹ herum und findet tatsächlich binnen kürzester Zeit eine mögliche Lösung: Gibt es auf dem verkauften Gelände etwas, das zum Kulturdenkmal erklärt werden kann, dann steht es unter Schutz, und die Gemeinde darf es nicht verkaufen.

Die Steinsäulen bergen eine ungute Nachricht.

Zu früh gefreut?

Leider droht der schöne Plan gleich wieder zu scheitern. Tara zeigt Mika, Samantha und Fanny die umgekippten Steinsäulen, die früher als Start- beziehungsweise Zielpunkte des Rennens gedient haben. Darauf sind Symbole eingeritzt, die besagen, dass das Rennen bei Tagvollmond gestartet werden muss. Der kommt aber nur alle drei bis fünf Jahre vor. Und bis es wieder so weit ist, bleiben gerade mal fünf Tage, um alles vorzubereiten. Das scheint unmöglich, zumal Fanny damit herausrückt, dass mindestens 200 Tickets für das Event verkauft werden müssen, damit es anerkannt wird.

Tara erklärt die Bedeutung der Symbole.

Noch eine helfende Hand

Mika, Samantha und Fanny sitzen frustriert vor der Hacienda, als sie einen Reiter auf einem Esel bemerken. Es ist Sam, der von Maria Kaltenbach losgeschickt worden ist, um sich zu vergewissern, dass es Mika gut geht. Als Sam hört, was geschehen ist, und die Quelle sieht, bleibt er kämpferisch. Nichts ist unmöglich: Mika hat in nur vier Wochen reiten und Dressur gelernt! Also werden sie es auch in fünf Tagen schaffen, ein Rennen zu organisieren.

Mit neuer Zuversicht legen die Freunde los. Während Fanny über alle möglichen Social-Media-Kanäle Werbung macht, kümmern sich die anderen darum, die Rennstrecke zu markieren und die Hacienda zu schmücken. Außerdem werden Handzettel verteilt und Plakate aufgehängt. Nun müssen sich nur noch genügend Besucher finden ...

Pferde und Reiter haben sich schon mal herausgeputzt.

Das Rennen von Ora

In der Theorie haben sich Mika, Fanny, Sam und Samantha alles so schön ausgemalt. Doch nun muss sich auch in der Praxis beweisen, dass alles klappt.

Aller Anfang ist schwer

Mika, Fanny, Sam und Samantha haben auf dem Dorfplatz einen Klapptisch aufgestellt, wo sie Eintrittskarten für das Rennen verkaufen. Die Nachfrage ist recht groß. Die Freunde sind zuversichtlich.

Das Interesse an den Tickets ist groß.

Am Tag des Rennens bringen Sam und Fanny weitere Tickets am Eingang zur Hacienda an den Mann, während Pedro und Tara die ankommenden Gäste begrüßen.
Leider sind auch unmittelbar vor Beginn des Rennens nur 195 Tickets über den Tisch gegangen. Immerhin hat sich ein sehr freundlicher Vertreter der Kulturbehörde eingefunden. Dem sind allerdings die Hände gebunden, solange die Bedingungen für eine Anerkennung nicht erfüllt sind.

Rettung in letzter Sekunde

Da taucht der Bürgermeister in Begleitung von drei Anzugträgern auf der Hacienda auf. Einer von ihnen überreicht Pedro ein Dokument. Der Mann erklärt, dass das Rennen über Land verlaufe, das Water Flow Unlimited gehöre. Der Konzern werde dafür keine Genehmigung erteilen. Der arrogante Kerl verlangt, dass das Gelände umgehend geräumt wird.
Mika lässt sich davon nicht einschüchtern. Unerschrocken erklärt sie den Männern, dass sie sich auf dem Land der Hacienda befinden und ein Ticket kaufen müssen, wenn sie dort stehen bleiben wollen. Die Männer sind verdutzt, fügen sich aber.
Trotzdem sind nur 199 Tickets verkauft.
Doch dann taucht plötzlich eine schüchterne junge Frau auf, die sich als Sonja vorstellt. Die Freunde jubeln. Sonja kommt zum Arbeiten auf die Hacienda. Und sie bekommt Ticket Nummer 200!
Auf der Stelle erklärt der Vertreter der Kulturbehörde das Land um die Quelle für geschützt. Das Rennen kann beginnen!

War alle Mühe umsonst?

Die Erleichterung ist riesig: 200 Tickets sind verkauft!

Ostwinds großer Moment

Die Reiter und ihre Pferde treten an die Startlinie. Alle sind bunt geschmückt, auf den Rängen wird begeistert applaudiert. Tara und Pedro halten das Startband. Dann geht es los!

Mika spürt, dies wird Ostwinds großes Solo.

Am Start packen Tara und Pedro gemeinsam mit an.

Mika sitzt auf der Tribüne und hat die Augen geschlossen. Irgendwann öffnet sie sie – und wird Zeugin, wie Ostwind das Rennen vor Samantha und ihrem Pferd gewinnt. Mika ist nicht überrascht. Die Tradition besagt: Das Pferd, das beim Rennen von Ora siegt, ist die Seele Andalusiens.

Unter den Reitern ist auch Samantha. Mika wollte eigentlich mit Ostwind ebenfalls teilnehmen, überlegt es sich in letzter Sekunde aber anders. Dies ist sein Rennen! Ostwind wird alleine laufen!

Eine ausgelassene Feier beginnt. Kurz darauf kommt die offizielle Bestätigung von der Regierung in Madrid: Das Rennen von Ora ist ab sofort offizieller Teil des andalusischen Kulturschatzes.

Ostwind überholt sie alle.

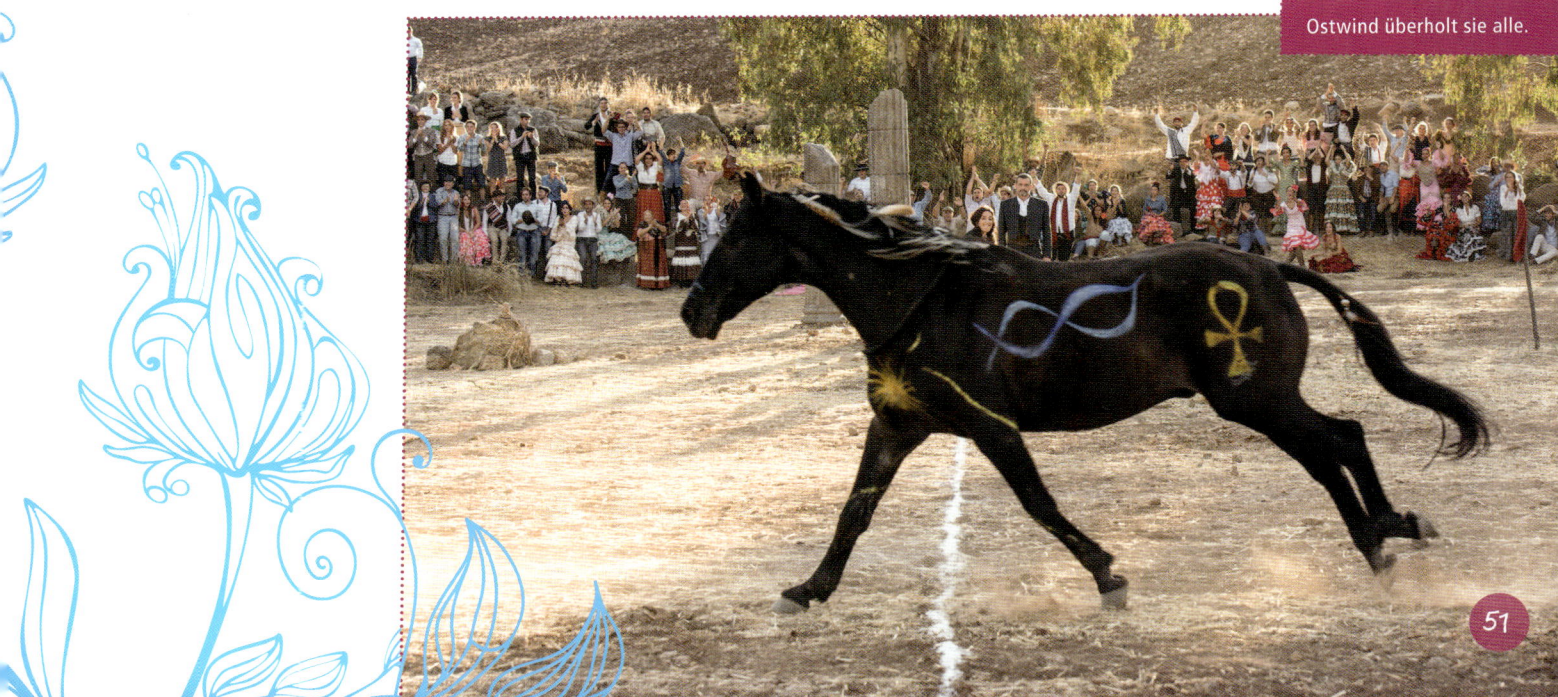

Abschied und Neuanfang

Lange will Mika es nicht wahrhaben, denn es bricht ihr das Herz.
Trotzdem weiß sie längst, die Zeit ist gekommen, um Abschied zu nehmen.

Herzschmerz

Immer unwiderstehlicher zieht es Ostwind zu den Wildpferden hin. Einmal prescht er so abrupt los, dass Mika, die noch das Halfter in der Hand hält, stolpert und hinfällt. Ostwind bremst ab, als er dies bemerkt. Er und Mika schauen einander an. Sie können beide nicht recht glauben, was gerade passiert ist. Diesmal kehrt er noch mit gesenktem Kopf zu Mika zurück. Beim zweiten Mal ist das bereits anders. Mika und Ostwind sitzen im hohen Gras auf einem Hügel, als in der Senke vor ihnen die Wildpferde auftauchen. Ostwind trabt zu ihnen. Selbst als Mika ihn ruft, bleibt er nicht stehen. In ihrer Verzweiflung rennt Mika hinter ihm her, schnappt sich sein Halfter und hält ihn fest.

Erst da bleibt Ostwind stehen und schaut Mika vorwurfsvoll an.
Mika ist erschrocken über sich selbst. Beschämt vergräbt sie ihren Kopf an Ostwinds Schulter und entschuldigt sich.

Loslassen ist schwierig

Da Ora gerettet ist, bleibt für Mika auf der Hacienda nichts mehr zu tun. Es ist an der Zeit, nach Hause zurückzugehen. Sam und Fanny sind bereits abgereist.

Ostwind weiß, wo er hingehört.

Und auch Mika hat sich von allen verabschiedet. Doch etwas muss Mika noch zu Ende bringen, obwohl sich ein Teil von ihr mit aller Macht dagegen sträubt … Mika reitet los.

Eine von Mikas schönsten Erinnerungen: Sie und Ostwind »fliegen« zusammen.

Abschied aus Liebe

Wenig später stehen Mika und Ostwind Seite an Seite im hohen Weidegras, die Wildpferde sind locker um sie verteilt, scheinen sie erwartungsvoll zu beobachten. Mika tritt vor den Rappen und zieht ihm das Halfter über die Ohren. Ihre Blicke treffen sich. Mika legt ihre Stirn gegen die von Ostwind, schließt die Augen. Sie erinnert sich an all das Wunderbare, das sie zusammen erlebt haben und sie für immer verbinden wird. Dann öffnet Mika die Augen wieder, nimmt Ostwind auch den Fellsattel und den drangeschnallten Seesack ab. Ostwind zögert noch, schaut sie fragend an. Da gibt Mika ihm einen Klaps auf die Flanke. Ostwind wiehert befreit und läuft zu seiner Herde.
Ohne sich noch einmal umzudrehen, geht Mika davon. Sie weiß, dass Ostwind hier glücklich ist. Und es gibt nichts, was sie sich mehr für ihn wünscht.

Als Taras Haus in Sicht kommt, hält Ostwind inne. Mika willigt ein, auch der Kentaurin Lebewohl zu sagen. Denn Mika weiß längst, weshalb sie wirklich hergekommen ist …
Tara erwartet die beiden bereits. Ihr ist klar, dass es unendlich schwer ist, was Mika jetzt tun muss. Deshalb hilft sie ihr. Tara erinnert Mika daran, dass Menschen andere Menschen brauchen, genauso wie Pferde die Gesellschaft ihrer Artgenossen.
Mika fängt an zu weinen. Es ist furchtbar, wenn der Kopf weiß, was richtig ist, das Herz es aber nicht tun will. Mika ist froh, dass Tara sie und Ostwind nun alleine lässt.

Ein letztes Mal einander ganz nah sein.

Zurück auf Gut Kaltenbach

Mika hat erkannt, dass Kaltenbach ihr Zuhause ist. Völlig überraschend trifft sie dort auf jemanden, der künftig dafür sorgen wird, dass Ostwind weiterhin bei ihr sein wird – wenn auch nicht persönlich.

Etwas wagen

Als Mika nach Kaltenbach zurückkehrt, hat sich dort einiges verändert. Ihre Großmutter sitzt auf der Bank unter der alten Eiche. Ein großes, braunes Pferd steht gesattelt vor ihr im Gras. Locker hält Maria Kaltenbach es am Zügel.

Alleine will sie das nicht machen, sie benötigt Mikas Hilfe. Aber Maria Kaltenbach schickt sie zunächst in den Stall.
Dort erwartet Mika eine noch viel größere Überraschung …

Das Sorgenkind hat es geschafft.

Mika kann es kaum glauben: Ihre Großmutter will etwas Neues wagen – und zum ersten Mal seit einer halben Ewigkeit wieder auf ein Pferd steigen, trotz ihrer Gehbehinderung.

Starthilfe von Mika

Als Mika den Stall betritt, traut sie ihren Augen nicht. 34 steht in ihrer Box und beschnuppert ratlos das schwarz-weiße Bündel, das zusammengerollt im Stroh liegt und einfach nicht aufstehen will. Zum Glück sind Milan und Herr Kaan bei den beiden, doch auch sie wissen nicht weiter. Mika kommt gerade im richtigen Moment dazu. Denn ohne sie und ihr einzigartiges Gefühl dafür, was ein Pferd braucht, würden sie das Fohlen nicht auf die Beine kriegen. Auch 34 wirkt erleichtert und stupst Mika zur Begrüßung freundlich an. Nun versteht Mika, weshalb die Stute nicht mehr auf der Koppel sein wollte. Und natürlich ist klar, dass das Fohlen Ostwinds Kind ist.

Endlich versucht es, sich aufzurichten, was ihm nach mehreren Versuchen auch gelingt. Noch ziemlich wackelig stakst es zu seiner Mutter und beginnt gierig zu trinken. Die kritische Situation ist überstanden. Das Fohlen ist im Leben angekommen.

Eine Zukunft mit Vergangenheit

Als es darum geht, dem Fohlen einen Namen zu geben, steht für Mika gleich fest, wie sie es nennen wird – Ora. Als Mika Milan davon erzählt, wendet sich das Fohlen von seiner Mutter ab und schaut die beiden freundlich an. Es ist, als habe es seinen Namen verstanden und für gut befunden.

10 Facts, die du noch nicht kanntest

Der geplante Drehstart von »Ostwind – Aufbruch nach Ora« musste nach hinten verschoben werden, weil die Stute von Katja von Garnier trächtig war – ausgerechnet von Atila, dem Hengst, der Ostwind spielt. Die Stute stand kurz davor, ihr Fohlen auf die Welt zu bringen, und Katja von Garnier wollte unbedingt dabei sein.

Der Dreh begann mit Verspätung.

Diese zwei besitzen Humor.

Im Vergleich zu den beiden ersten »Ostwind«-Teilen wurde bei »Ostwind – Aufbruch nach Ora« mit der zehnfachen Menge an Pferden gearbeitet.

Lea van Acken und Hanna Binke verstanden sich während der Dreharbeiten prächtig, haben sich sogar richtig angefreundet. Die Drehpausen verbrachten sie fast die ganze Zeit zusammen und haben rumgealbert.

Das Rennen war für viele ein Highlight.

Diese Theke ist eine absolute Besonderheit.

Um das Rennen von Ora zu drehen, betrieb die Produktion einen riesigen Aufwand und lud 200 Menschen und Reiter aus der Gegend ein, in voller Montur und herausgeputzt, mit ihren Pferden zum Dreh zu kommen.

In Andalusien gibt es die Westernstadt El Rocío. Dort wurden die Szenen gedreht, die Mikas Ankunft in Spanien zeigen und wie sie sich dann auf die Suche nach Ora macht. El Rocío ist eine Ansiedlung, die komplett auf Cowboys und ihre Pferde ausgelegt ist. So sind die Bars von der Höhe genau so montiert, dass die Reiter auf den Pferden sitzen bleiben und ihre Getränke zu sich nehmen können.

Warten auf den großen Moment.

Auch fürs Rennen wurden die Pferde bemalt.

Der weiße Fleck auf Ostwinds Stirn wurde ihm von der Maskenbildnerin jedes Mal aufgemalt. Außerdem wurden ihm Extensions in die Mähne geflochten.

Ostwinds charakteristischer Look war die Idee von Katja von Garnier. Sie wollte nicht einfach ein schwarzes Pferd für die Hauptrolle. Ostwind sollte unverwechselbar sein.

Als Lea Schmidbauer mit Kristina Magdalena Henn den Roman »Ostwind – Aufbruch nach Ora« schrieb, wusste sie bereits, dass aus der Geschichte ein Drehbuch entwickelt werden würde. Lea Schmidbauer hat ebenfalls das Drehbuch geschrieben.

Katja von Garnier mag das Besondere.

Die Idee, Ostwinds Wurzeln in Andalusien anzusiedeln, kam auf, weil Pferdetrainerin Kenzie Dysli dort lebt, und ihre Pferde ebenfalls von dort stammen. Also erschien es irgendwie naheliegend und stimmig, dass auch Ostwind in dieser Region geboren wurde.

Kenzie beherrscht auch traditionelle Reitweisen.

Ein Selfie zur Erinnerung.

Hanna Binke fand gleich, dass das Drehbuch zu »Ostwind – Aufbruch nach Ora« viel emotionaler war als die Vorgänger. Als sie das Ende gelesen hatte, hatte sie eine richtige Gänsehaut.

Test: Wie gut kennst du Ostwinds Welt?

1. Wo liegt die Hacienda Monte Sabio?

in der Provinz Cádiz.. **(W)**

in der Provinz Málaga... **(U)**

in der Provinz Sevilla .... **(Z)**

An der Quelle von Ora macht Mika Bekanntschaft mit einem kleinen Frosch.

2. Wie heißt das Brandzeichen, das Ostwind trägt?

die Orchidee von Ora................................. **(G)**

die Silberdistel von Ora .... **(I)**

die Mohnblume von Ora .... **(H)**

Mika hat immerhin an ein Wörterbuch gedacht.

3. Wie sieht Ostwinds Brandzeichen aus?

eine alte Säule, die mit Schriftzeichen versehen ist...........**(M)**

ein Kreis mit zwei gewellten Linien daneben....................**(N)**

eine Blüte mit gezackten Blättern,
darunter zwei wellenförmige Linien ....**(L)**

4. Was haben Mika und Tara gemeinsam?

Sie mögen es, Turniere zu reiten. .... **(E)**

Sie spüren, was ein Pferd empfindet. .... **(D)**

Sie sind beide dunkelhaarig........................... **(F)**

5. Wie nennt Fanny ihr Tablet?

Norbert .... **(P)**

Walter .... **(S)**

Bernd .... **(T)**

Wenn er Hunger hat, frisst Ostwind alles.

6. Was ist Fannys größte Stärke?

ihre Kochkunst .... **(B)**
ihr Ordnungssinn.. **(C)**
ihr Organisationstalent .... **(F)**

Eine wohlverdiente Rast.

Mika betritt die Hacienda mit gemischten Gefühlen.

7. An wen verkauft der Bürgermeister das Land mit der Quelle weiter?

an die Water Flow Unlimited .... **(E)**
an die Water Clean Unlimited.................................... **(A)**
an die Water World Unlimited .... **(G)**

8. Wo wohnt Tara?

im Haus ihrer Eltern... ....**(P)**
im Haus ihrer Großeltern...........**(O)**
im Haus ihrer Urgroßeltern........**(R)**

Mika ahnt zunächst nicht, was die Absperrung bedeutet.

9. Wer entdeckt die verletzte Stute Calima zuerst?

Mika .... **(F)**
Ostwind .... **(D)**
Tara .... **(K)**

10. Warum bricht Samantha in Tränen aus?

Weil sie es nicht über sich bringt, dem kleinen Hengst
das glühende Brenneisen auf die Haut zu drücken. .... **(E)**
Weil sie es nicht schafft, ihren Vater Pedro
und seine Schwester Tara zu versöhnen. .... **(N)**
Weil Mika besser reiten kann als sie. .... **(M)**

Wild und ursprünglich.

Lösung: _ _ _ _ _ _ _ _ _ _

Lösungswort: WILDPFERDE

Mehr von OSTWIND

Das Buch zum Film
ca. 160 Seiten · 12,99 [D]

Das Hörspiel zum Film –
Mit den Originalstimmen aus dem Film
2 CDs · 9,99 € [D]

Freundebuch
ca. 96 Seiten · 9,99 € [D]

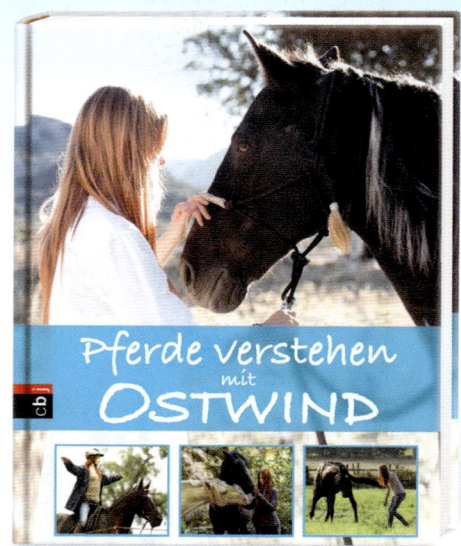

Sachbuch: Reiten lernen wie Mika
ca. 112 Seiten · 14,99 € [D]

Überall im Buchhandel

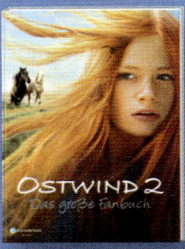

1. Auflage
© 2017 SamFilm GmbH, TM und © Alias Entertainment GmbH
© 2017 für die Buchausgabe Schneiderbuch
verlegt durch EGMONT Verlagsgesellschaften mbH,
Alte Jakobstraße 83, 10179 Berlin
Alle Rechte vorbehalten

Fotos: Marc Reimann, Artwork mit freundlicher Genehmigung von Constantin Film Verleih GmbH

Umschlaggestaltung: Designomicon | Anke Koopmann, München
Layout und Satz: Designomicon | Anke Koopmann, München
Printed in the EU (675274)
ISBN 978-3-505-14003-7

MIX
Papier aus verantwor-
tungsvollen Quellen
FSC® C002795
www.fsc.org

Die EGMONT Verlagsgesellschaften gehören als Teil der EGMONT-Gruppe zur EGMONT Foundation – einer gemeinnützigen Stiftung, deren Ziel es ist, die sozialen, kulturellen und gesundheitlichen Lebensumstände von Kindern und Jugendlichen zu verbessern.

Weitere ausführliche Informationen zur EGMONT Foundation
unter www.egmont.com.

CONSTANTIN FILM PRÄSENTIERT EINE SAMFILM PRODUKTION IN CO-PRODUKTION MIT CONSTANTIN FILM PRODUKTION „OSTWIND — AUFBRUCH NACH ORA"
HANNA BINKE LEA VAN ACKEN AMBER BONGARD MARVIN LINKE NICOLETTE KREBITZ THOMAS SARBACHER JANNIS NIEWÖHNER TILO PRÜCKNER UND CORNELIA FROBOESS
CASTING STEFANY POHLMANN PFERDETRAINER KENZIE DYSLI GERD GRZESCZAK MASKE DOROTHEA GOLDFUSS JEANNETTE TRIPODI KOSTÜME MIKA BRAUN HERSTELLUNGSLEITUNG OLE WILKEN PRODUKTIONSLEITUNG FELIX LEITERMANN ORIGINALTON PETRA GREGORZEWSKI
SOUND DESIGN MEDIA, SOUND & PICTURES MISCHUNG TSCHANGIS CHAHROKH FILMMUSIK ANNETTE FOCKS SCHNITT TOBIAS HAAS SZENENBILD CAROLA GAUSTER BILDGESTALTUNG FLORIAN EMMERICH ASSOCIATE PRODUCER BERND SCHILLER
CO-PRODUZENT MARTIN MOSZKOWICZ DREHBUCH LEA SCHMIDBAUER BASIEREND AUF EINER IDEE VON LEA SCHMIDBAUER UND KRISTINA MAGDALENA HENN PRODUZENTEN EWA KARLSTRÖM ANDREAS ULMKE-SMEATON REGIE KATJA VON GARNIER
INHABERIN DER AUSSCHLIESSLICHEN NUTZUNGSRECHTE IST DIE CONSTANTIN FILM VERLEIH GMBH   © 2017 SAMFILM GMBH / CONSTANTIN FILM PRODUKTION GMBH
GEFÖRDERT DURCH FFF Bayern   HESSENFILM UND MEDIEN   FFA••   DEUTSCHER FILMFÖRDERFONDS   Die Beauftragte der Bundesregierung für Kultur und Medien

MAGAZIN ZUM FILM ERSCHIENEN BEI   BUCH ZUM FILM ERSCHIENEN BEI ALIASENTERTAINMENT   FANBUCH ERSCHIENEN BEI Schneiderbuch EGMONT   FOLLOW US ON #OstwindFilm   PUZZLES ERSCHIENEN BEI   HÖRSPIEL ERSCHIENEN BEI der Hörverlag   PC-SPIEL ERSCHIENEN BEI aesir interactive   Constantin Film